Impressum
Verlag: BABADADA GmbH, Nedderfeld 112 , 22529 Hamburg
Geschäftsführer / Verlagsleitung: Harald Hof
Druck: Books on Demand GmbH, In de Tarpen 42, 22848 Norderstedt

Imprint
Publisher: BABADADA GmbH, Nedderfeld 112 , 22529 Hamburg, Germany
Managing Director / Publishing direction: Harald Hof
Print: Books on Demand GmbH, In de Tarpen 42, 22848 Norderstedt, Germany

Šola

shkolla

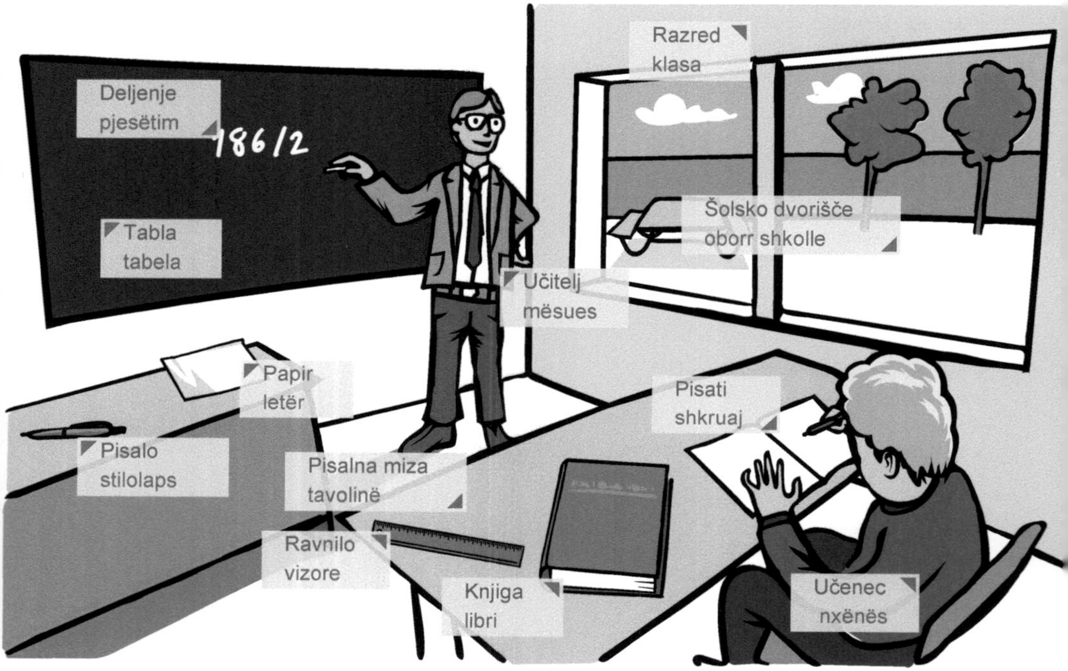
Razred
klasa
Deljenje
pjesëtim
186/2
Tabla
tabela
Šolsko dvorišče
oborr shkolle
Učitelj
mësues
Papir
letër
Pisati
shkruaj
Pisalo
stilolaps
Pisalna miza
tavolinë
Ravnilo
vizore
Knjiga
libri
Učenec
nxënës

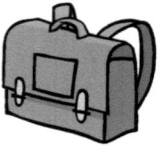

Šolska torba

çantë

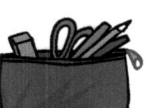

Peresnica

mbajtëse lapsash

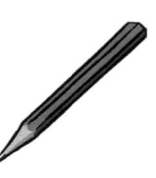

Svinčnik

laps

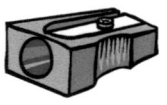

Šilček

mprehës lapsash

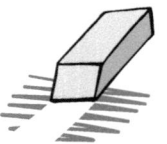

Radirka

gomë

Risalni blok

fletore vizatimi

Risba

vizatim

Čopič

penel

Vodene barvice

kuti bojërash

Škarje

gërshërë

Lepilo

ngjitës

Zvezek

fletore detyrash

Domača naloga

detyrë shtëpie

Število

numër

Seštevanje

mbledh

Odštevanje

zbres

Množenje

shumëzoj

Računanje

llogaris

Črka

gërmë

Abeceda

alfabeti

Beseda

fjalë

Besedilo

tekst

Brati

lexoj

Kreda

shkumës

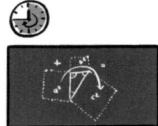

Učna ura

mësim

Redovalnica

regjistër

Preizkus znanja

provim

Spričevalo

çertifikatë

Šolska uniforma

uniformë shkolle

Izobrazba

arsimim

Enciklopedija

enciklopedia

Univerza

universitet

Mikroskop

mikroskop

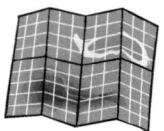

Zemljevid

hartë

Koš za smeti

kosh letrash

Šola - shkolla

Potovanje
udhëtim

Hotel
hotel
Grand
Hostel
bujtinë
ROOMS
EXCHANGE
Menjalnica
pikë këmbimi valutor
Kovček
valixhe
Avtomobil
makinë

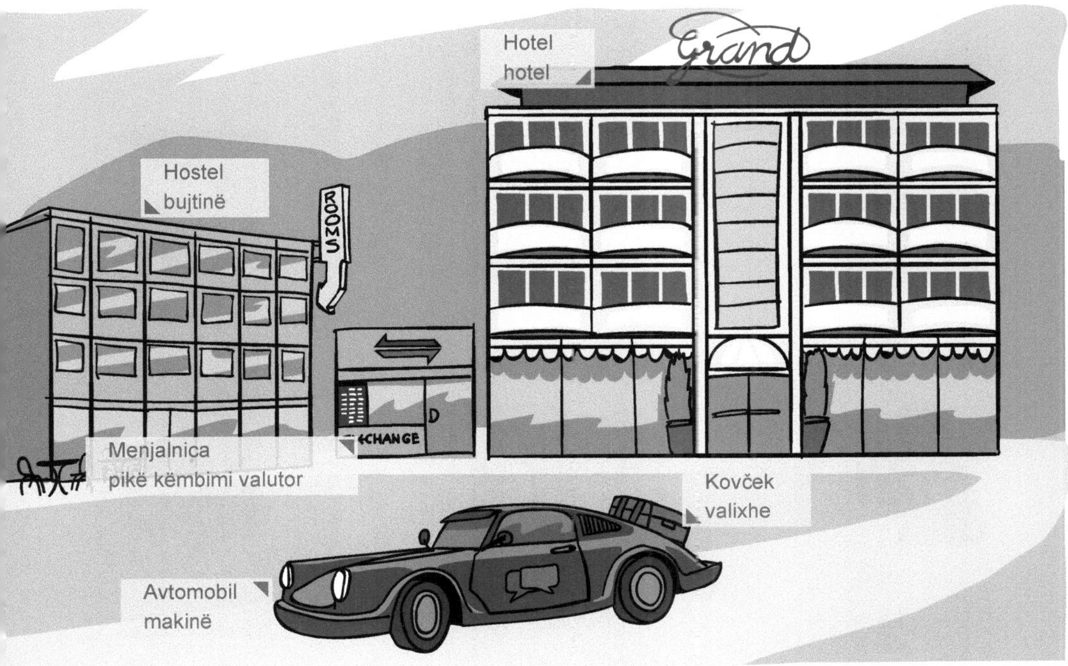

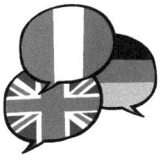

Jezik

gjuhë

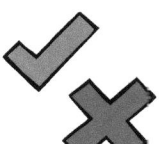

da / ne

po / jo

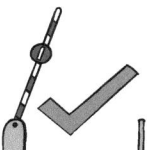

Prav

Në rregull

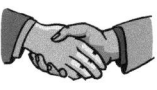

Pozdravljeni

ç'kemi

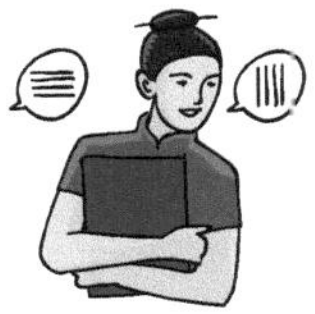

Prevajalec

përkthyes

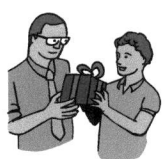

Hvala

Faleminderit

Koliko stane...?

sa kushton...?

Ne razumem

nuk e kuptoj

Težava

problem

Dober večer!

Mirëmbrëma!

Dobro jutro!

Mirëmëngjes!

Lahko noč!

Natën e mirë!

Nasvidenje

mirupafshim

Smer

drejtim

Prtljaga

bagazhet

Torba

çantë

Nahrbtnik

çantë shpine

Gost

mysafir

Soba

dhomë

Spalna vreča

thes gjumi

Šotor

tendë

Turistične informacije

informacion për turistët

Plaža

plazh

Kreditna kartica

kartë krediti

Zajtrk

mëngjes

Kosilo

drekë

Večerja

darkë

Vozovnica

Biletë

Dvigalo

ashensor

Znamka

pulla

Meja

kufi

Carina

doganë

Veleposlaništvo

ambasadë

Vizum

vizë

Potni list

pasaportë

Prevoz
transport

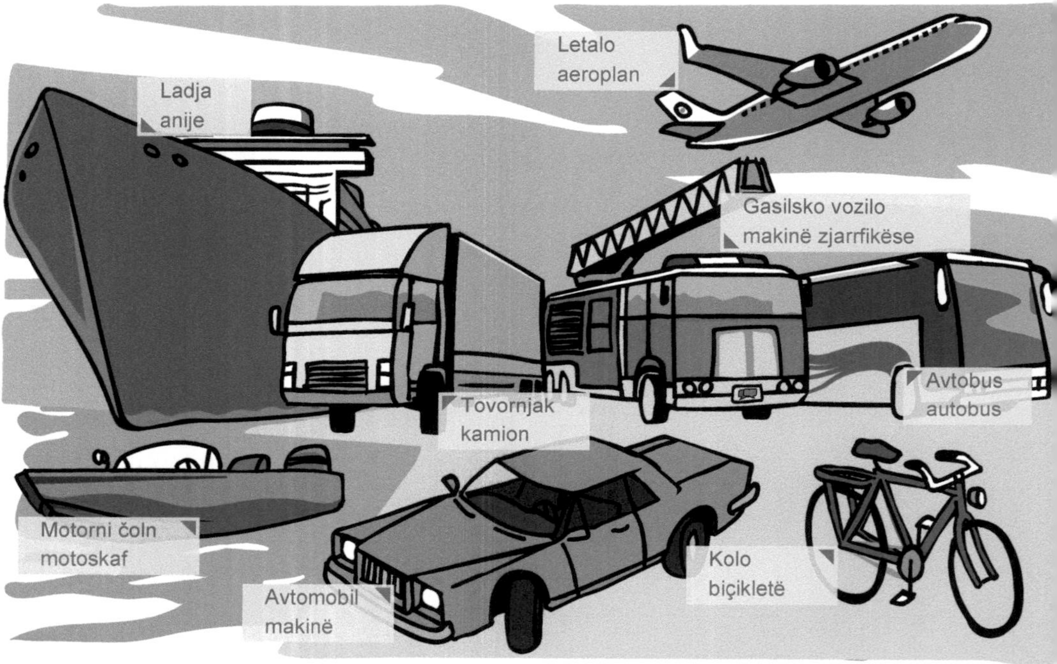
Letalo
aeroplan
Ladja
anije
Gasilsko vozilo
makinë zjarrfikëse
Avtobus
autobus
Tovornjak
kamion
Motorni čoln
motoskaf
Kolo
biçikletë
Avtomobil
makinë

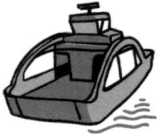

Trajekt

traget

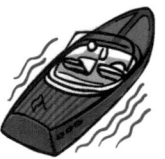

Čoln

varkë

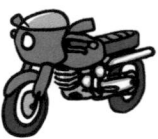

Motorno kolo

motoçikletë

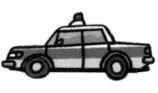

Policijski avto

makinë policie

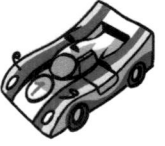

Dirkalni avto

makinë garash

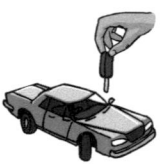

Najeto vozilo

makinë me qira

Souporaba avtomobila

ndarje e qirasë së makinës

Avtovleka

karroatrec

Smetarsko vozilo

makinë plehrash

Motor

motor

Gorivo

benzinë

Bencinska postaja

pikë karburanti

Prometni znak

sinjalistikë trafiku

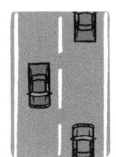

Promet

trafik

Zastoj

bllokim trafiku

Parkirišče

parkim makinash

Železniška postaa

stacion treni

Tirnice

trase

Vlak

tren

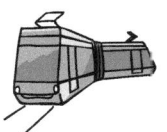

Tramvaj

tramvaj

Vagon

karro

Helikopter

helikopter

Letališče

aeroport

Stolp

kullë

Potnik

pasagjer

Kontejner

kontenier

Karton

kuti kartoni

Voziček

qerre

Košara

shportë

vzleteti / pristati

ngrihem / ulem

Mesto

qytet

Vas

fshat

Mestno jedro

qendra e qytetit

Hiša

shtëpi

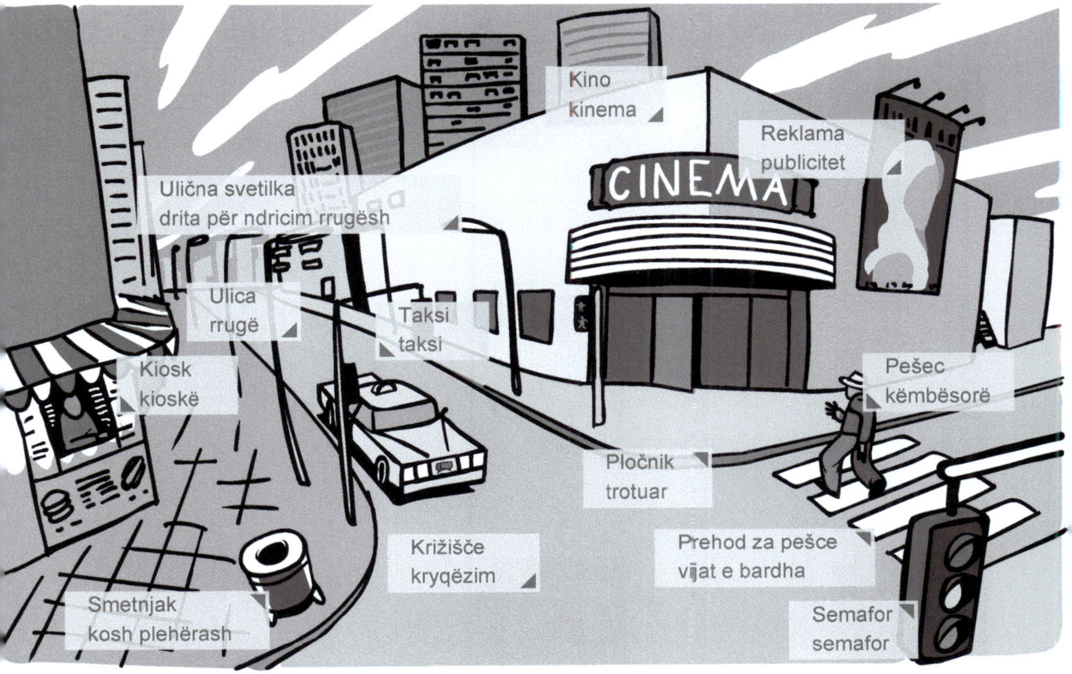

Kino
kinema

Reklama
publicitet

Ulična svetilka
drita për ndricim rrugësh

CINEMA

Ulica
rrugë

Taksi
taksi

Pešec
këmbësorë

Kiosk
kioskë

Pločnik
trotuar

Križišče
kryqëzim

Prehod za pešce
vijat e bardha

Semafor
semafor

Smetnjak
kosh plehërash

Koča

kasolle

Stanovanje

apartament

Železniška postaja

stacion treni

Mestna hiša

bashki

Muzej

muze

Šola

shkolla

Mesto - qytet

11

Univerza
universitet

Banka
bankë

Bolnišnica
spital

Hotel
hotel

Lekarna
farmaci

Pisarna
zyrë

Knjigarna
librari

Trgovina
dyqan

Cvetličarna
dyqan lulesh

Supermarket
supermarket

Tržnica
market

Veleblagovnica
mapo

Ribarnica
dyqan peshku

Nakupovalno središče
qëndër tregtare

Pristanišče
port

Park

park

Klop

stol

Most

urë

Stopnice

shkallë

Podzemna železnica

metro

Predor

tunel

Avtobusno postajališče

stacion autobuzi

Bar

bar

Restavracija

restorant

Poštni nabiralnik

kuti postare

Ulična tabla

sinjalistikë rrugore

Parkirna ura

kohëmatës parkimi

Živalski vrt

kopsht zoologjik

Kopališče

pishinë

Mošeja

xhami

Kmetija
fermë

Onesnaževanje
ndotje

Pokopališče
varrezë

Cerkev
kishë

Otroško igrišče
shesh lojërash

Tempelj
tempull

Pokrajina
peisazh

List
gjethe

Kažipot
tabela orientuese

Pot
rrugë

Travnik
livadh

Kamen
gurë

Pohodnik
ekskursionist

Drevo
pemë

Reka
lumë

Trava
bar

Cvetlica
lule

Dolina

luginë

Hrib

kodër

Jezero

liqen

Gozd

pyll

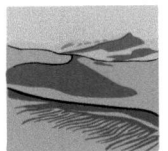

Puščava

shkretëtirë

Vulkan

vullkan

Grad

kështjellë

Mavrica

ylber

Goba

kepudhë

Palma

palmë

Komar

mushkonjë

Muha

mizë

Mravlja

milingonë

Čebela

bletë

Pajek

merimangë

Hrošč

brumbull

Žaba

bretkosë

Veverica

ketër

Jež

iriq

Zajec

lepur

Sova

buf

Ptič

zog

Labod

mjellmë

Divji prašič

derr i egër

Jelen

dre

Los

dre brilopatë

Jez

digë

Vetrnica

turbinë ere

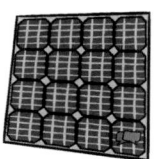

Solarna plošča

panel diellor

Podnebje

klimë

Restavracija
restorant

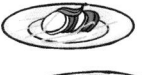

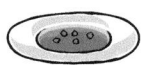

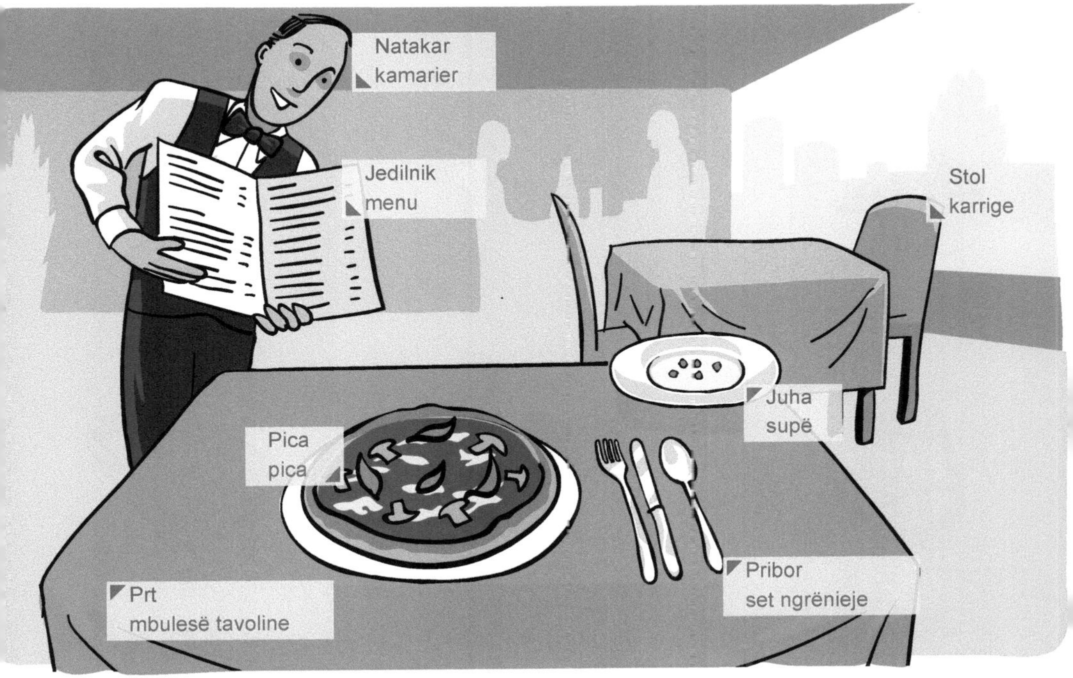
Natakar
kamarier
Jedilnik
menu
Stol
karrige
Juha
supë
Pica
pica
Pribor
set ngrënieje
Prt
mbulesë tavoline

Predjed

pjatë e parë

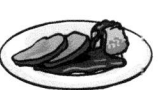

Glavna jed

pjatë kryesore

Sladica

ëmbëlsirë

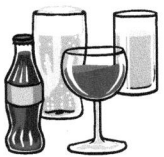

Pijače

pije

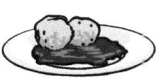

Hrana

ushqim

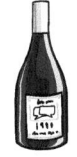

Steklenica

shishe

Hitra hrana

ushqim i shpejtë

Ulična hrana

ushqim i shërbyer në rrugë

Čajnik

ibrik çaji

Sladkornica

kuti sheqeri

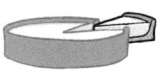

Porcija

racion

Aparat za espresso

makinë kafeje ekspres

Stolček za hranjenje

karrige e lartë

Račun

faturë

Pladenj

tabaka

Nož

thika

Vilica

pirun

Žlica

lugë

Čajna žlička

lugë çaji

Servieta

pecetë

Kozarec

gotë

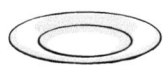

Krožnik

pjatë

Globoki krožnik

pjatë supe

Krožniček

pjatë filxhani

Omaka

salcë

Solnica

mbajtëse kripe

Mlinček za poper

mulli piperi

Kis

uthull

Olje

vaj

Začimbe

erëza

Kečap

keçap

Gorčica

mustardë

Majoneza

majonezë

Supermarket
supermarket

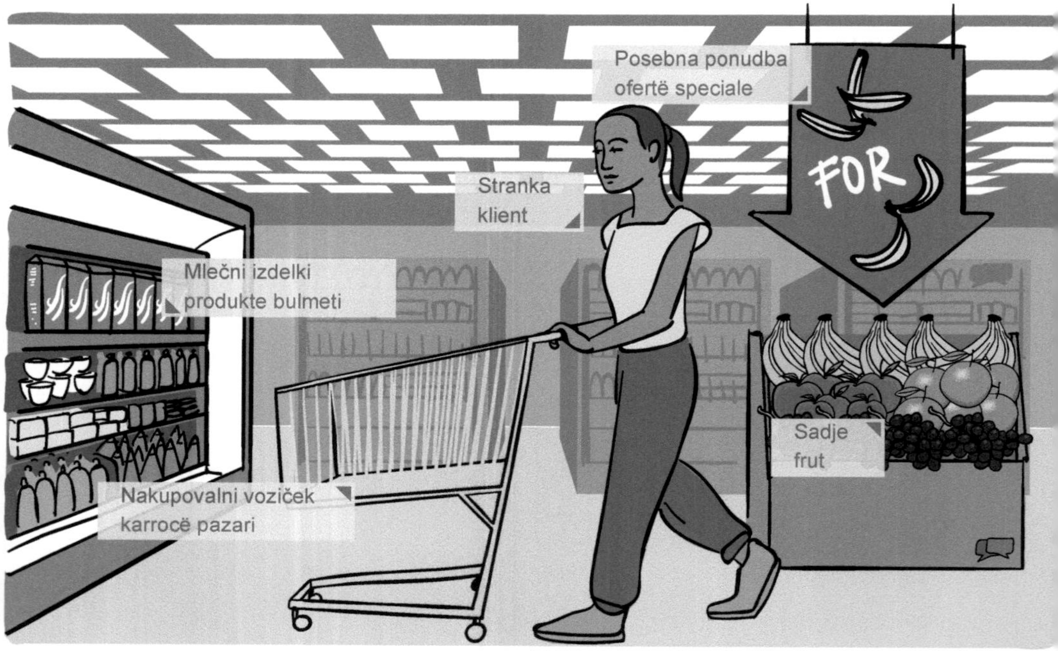

Posebna ponudba
ofertë speciale
FOR
Stranka
klient
Mlečni izdelki
produkte bulmeti
Sadje
frut
Nakupovalni voziček
karrocë pazari

BUTCHERS

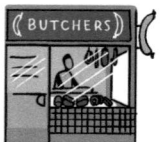

Mesnica

dyqan mishi

BAKERY

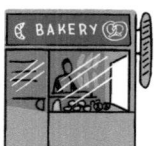

Pekarna

furrë buke

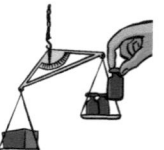

Tehtati

peshoj

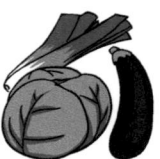

Zelenjava

perime

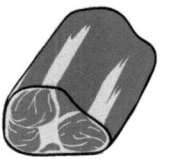

Meso

mish

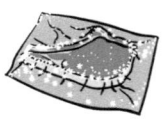

Zamrznjena hrana

ushqim i ngrirë

Hladne mesnine

copë

Konzerve

ushqim i konservuar

Pralni prašek

pluhur larës

Sladkarije

ëmbëlsirat

Gospodinjski izdelki

prodhime shtëpie

Čistilno sredstvo

produkte pastrimi

Prodajalka

shitëse

Blagajna

kasë fiskale

Blagajnik

arkëtar

Nakupovalni seznam

listë blerjeje

Delovni čas

oraret e punës

Denarnica

portofol

Kreditna kartica

kartë krediti

Torba

çantë

Plastična vrečka

qese plastike

Voda

ujë

Sok

lëng frutash

Mleko

qumësht

Kola

koka-kola

Vino

verë

Pivo

birrë

Alkohol

alkool

Kakav

kakao

Čaj

çaj

Kava

kafe

Espresso

kafe ekspres

Kapučino

kapuçino

Banana

banane

Jabolko

mollë

Pomaranča

portokalle

Lubenica

pjepër

Limona

limon

Korenje

karrotë

Česen

hudhër

Bambus

bambu

Čebula

qepë

Goba

kërpudha

Oreščki

arra

Rezanci

makarona

Špageti

spageti

Riž

oriz

Solata

sallatë

Ocvrt krompirček

patate të skuqura

Pečen krompir

patate të skuqura

Pica

pica

Hamburger

hamburger

Sendvič

sanduiç

Zrezek

shnicel

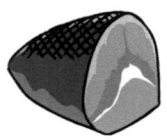

Šunka

proshutë

Salama

sallam

Klobasa

salçiçe

Piščanec

pulë

Pečenka

skuq

Riba

peshk

Ovseni kosmiči

tërshërë

Musli

drithëra

Koruzni kosmiči

kornfleiks

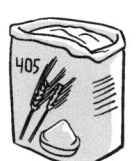

Moka

miell

Rogljiček

kruasant

Žemlja

panine

Kruh

bukë

Prepečenec

tost

Piškoti

biskotë

Maslo

gjalp

Skuta

gjizë

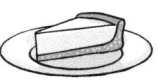

Torta

tortë

Jajce

vezë

Pečeno jajce na oko

vezë sy

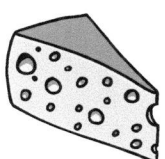

Sir

djathë

Hrana - ushqim

Sladoled

akullore

Sladkor

sheqer

Med

mjaltë

Marmelada

marmaladë

Čokoladni namaz

çokokrem

Kari

këri

Kmetija
fermë

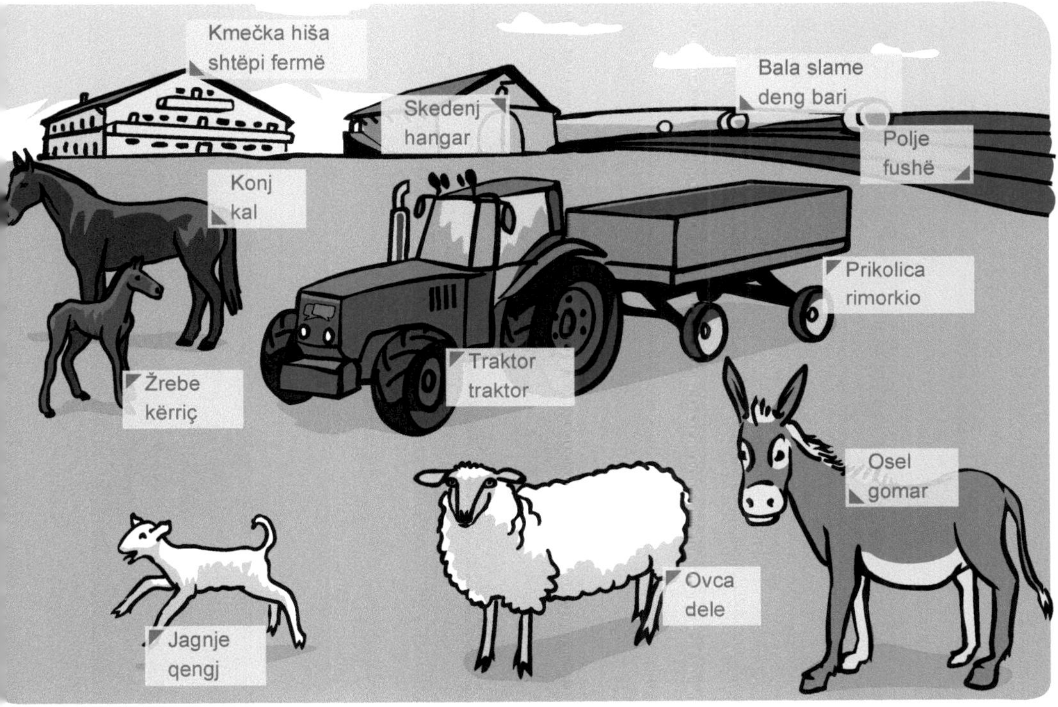
Kmečka hiša
shtëpi fermë
Bala slame
deng bari
Skedenj
hangar
Polje
fushë
Konj
kal
Prikolica
rimorkio
Traktor
traktor
Žrebe
kërriç
Osel
gomar
Ovca
dele
Jagnje
qengj

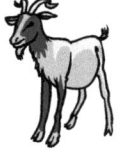

Koza

dhi

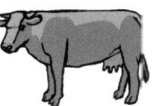

Krava

lopë

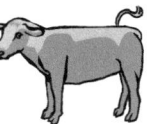

Tele

viç

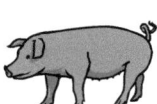

Prašič

derr

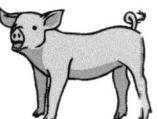

Pujsek

derrkuc

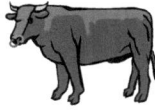

Bik

dem

Gos

patë

Raca

rosë

Piščanec

zog pule

Kokoš

pulë

Petelin

gjel

Podgana

mi

Mačka

mace

Miš

mi

Vol

buall

Pes

qen

Pasja uta

kolibe qeni

Cev za zalivanje

zorrë vaditëse

Kangla za zalivanje

vaditëse

Kosa

kosë

Plug

plug

Srp

drapër

Motika

shat

Vile

kosa

Sekira

sëpatë

Samokolnica

karrocë

Korito

govatë

Kangla za mleko

bidon qumështi

Vreča

thes

Ograja

gardh

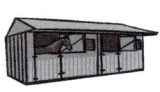

Hlev

ahur

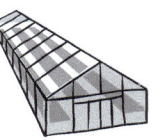

Rastlinjak

serë

Prst

dhe

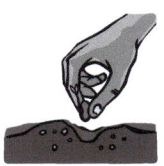

Seme

farë

Gnojilo

pleh

Kombajn

autokombanjë

Kmetija - fermë

Žeti

korr

Žetev

te korrat

Jam

patate e ëmbël "Yam"

Pšenica

grurë

Soja

soja

Krompir

patate

Koruza

misër

Oljna ogrščica

raps

Sadno drevo

pemë frutore

Maniok

zhardhok manioku

Žito

drithëra

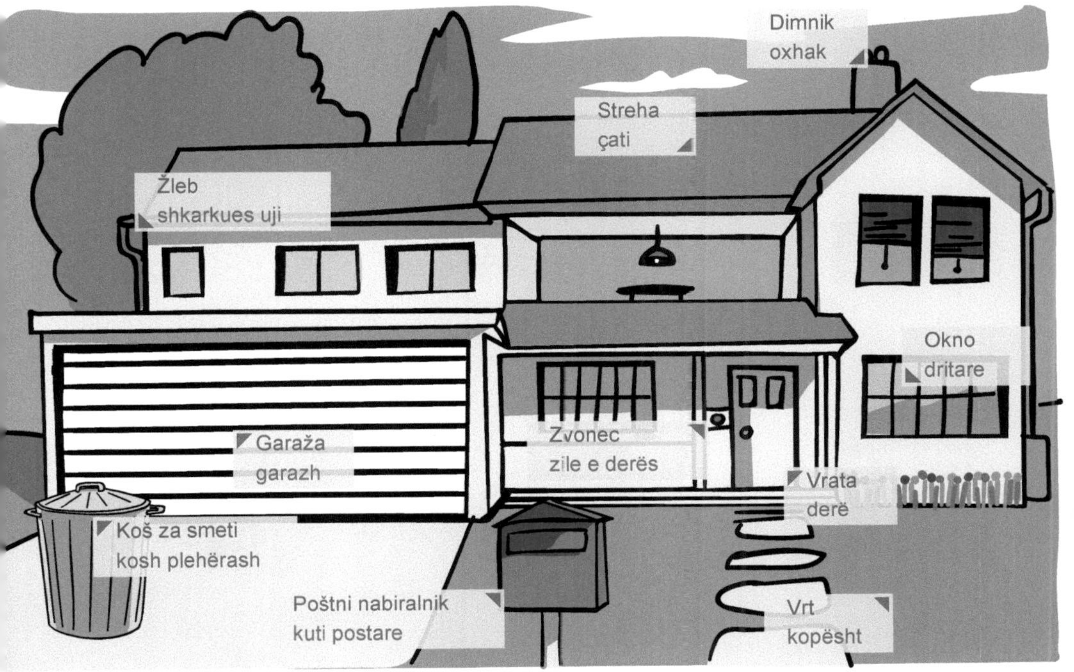

Dimnik
oxhak

Streha
çati

Žleb
shkarkues uji

Okno
dritare

Garaža
garazh

Zvonec
zile e derës

Vrata
derë

Koš za smeti
kosh plehërash

Poštni nabiralnik
kuti postare

Vrt
kopësht

Dnevna soba

dhomë ndenjeje

Kopalnica

tualet

Kuhinja

kuzhinë

Spalnica

dhomë gjumi

Otroška soba

dhomë fëmijësh

Jedilnica

dhomë ngrënieje

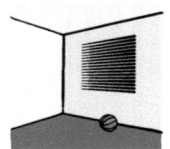

Tla

dysheme

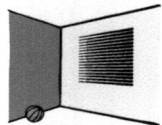

Stena

mur

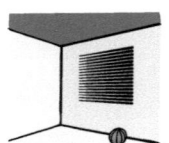

Strop

tavan

Klet

bodrum

Savna

sauna

Balkon

ballkon

Terasa

tarracë

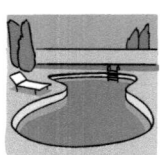

Bazen

pishinë

Kosilnica

kositëse bari

Rjuha

çarçaf

Posteljno pregrinjalo

kuvertë

Postelja

krevat

Metla

fshesë dore

Vedro

kovë

Stikalo

çelës

Dnevna soba
dhomë ndenjeje

Tapeta
tapiceri
Slika
fotografi
Svetilka
llambë
Polica
raft
Omara
dollap
Televizor
pajisje televizive
Kamin
vatër
Cvetlica
lule
Blazina
jastëk
Zofa
divan
Vaza
vazo
Daljinski upravljalnik
telekomandë

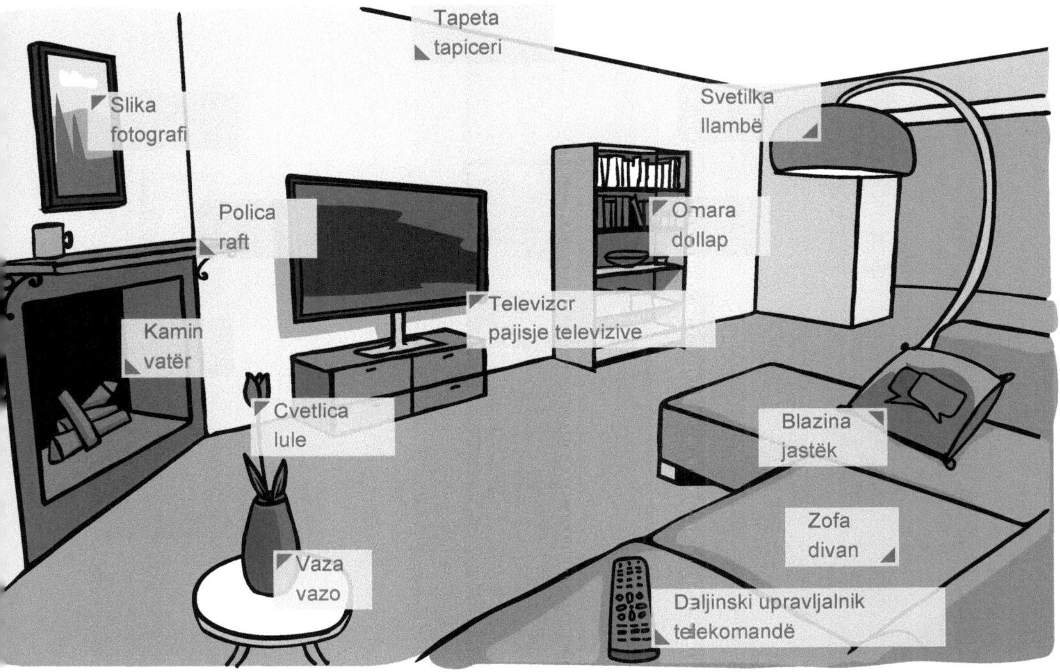

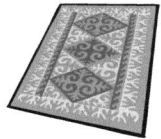

Preproga

qilim

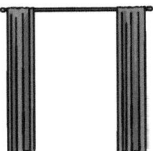

Zavesa

perde

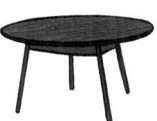

Miza

tavolinë

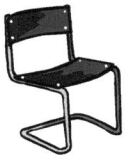

Stol

karrige

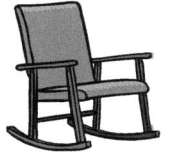

Gugalnik

karrige lëkundëse

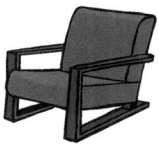

Naslanjač

kolltuk

Knjiga

libri

Film

film

Dekoracija

zbukurime

Drva

dru zjarri

Film

film

Glasbeni stolp

stereo

Ključ

çelës

Časopis

gazetë

Slika

pikturë

Plakat

afishe

Radio

radio

Beležka

bllok shënimesh

Sesalnik

fshesë me korent

Kaktus

kaktus

Sveča

qiri

Dnevna soba - dhomë ndenjeje

Kuhinja
kuzhinë

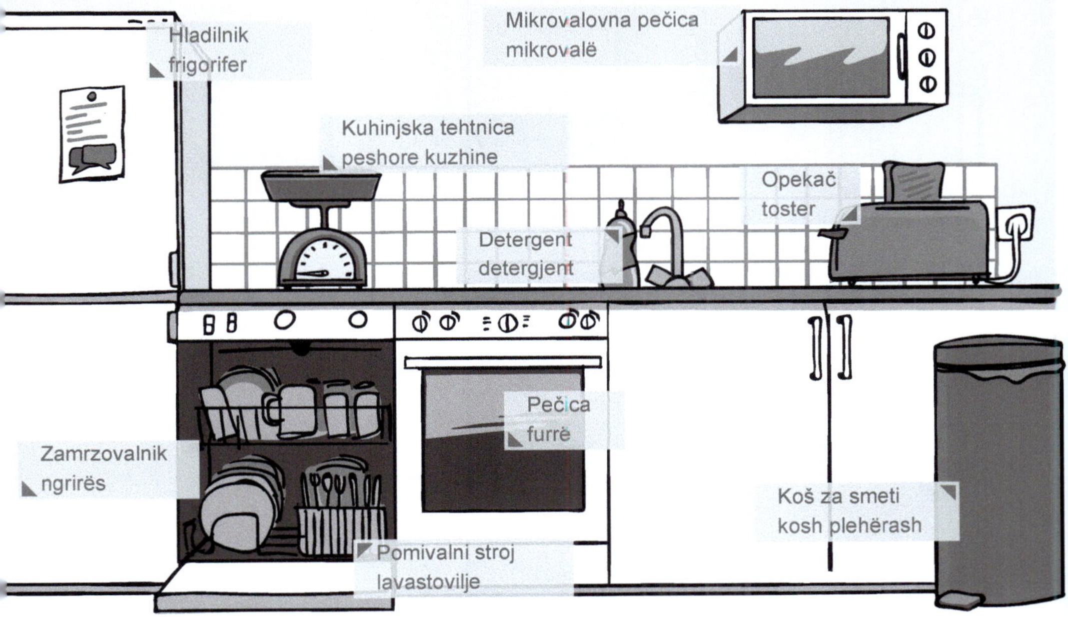

Hladilnik
frigorifer
Mikrovalovna pečica
mikrovalë
Kuhinjska tehtnica
peshore kuzhine
Opekač
toster
Detergent
detergjent
Pečica
furrë
Zamrzovalnik
ngrirës
Koš za smeti
kosh plehërash
Pomivalni stroj
lavastovilje

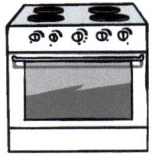

Kozica
sobë

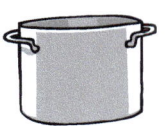

Lonec
tenxhere

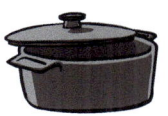

Litoželezni lonec
tenxhere me kapak

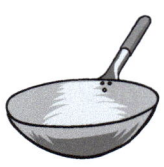

Vok / kadai
tigan special (Wok)

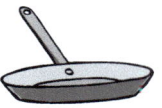

Ponev
tigan

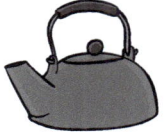

Kotliček
çajnik

Parni kuhalnik

tenxhere me avull

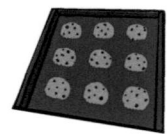

Pekač

tavë pjekjeje

Posoda

enë

Skodelica

filxhan

Skleda

tas

Jedilne paličice

shkopinj

Zajemalka

garuzhde

Lopatica

spatul

Metlica

tel kuzhine

Cedilnik

kulluese

Cedilo

sitë

Strgalo

rende

Možnar

havan

Žar

skarë

Ognjišče

zjarr

Deska za rezanje

dërrasë për prerje

Valjar

okllai

Odpirač za steklenice

heqëse tapash

Pločevinka

kanaçe

Odpirač za konzerve

hapëse kanaçeje

Prijemalka za posodo

rrobë për të kapur tenxheren

Korito

lavaman

Ščetka

furçë

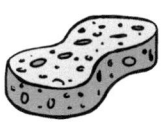

Goba

sfungjer

Mešalnik

përzjerës

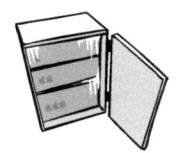

Zamrzovalna skrinja

ngrirës

Steklenička

biberon për lëngje

Pipa

rubinet

Kopalnica
tualet

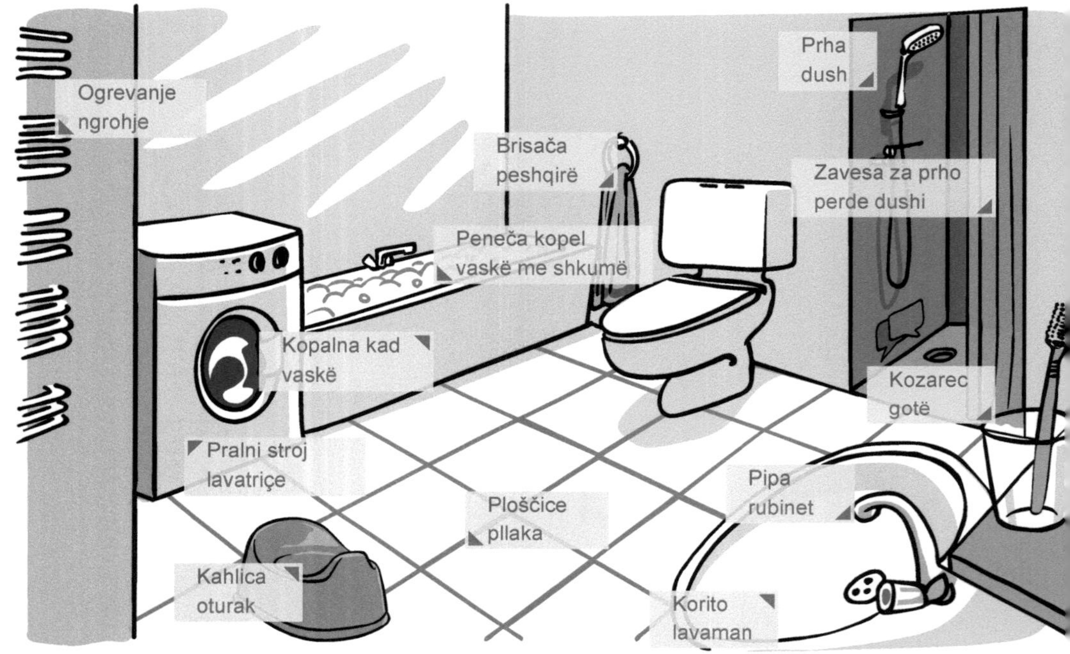

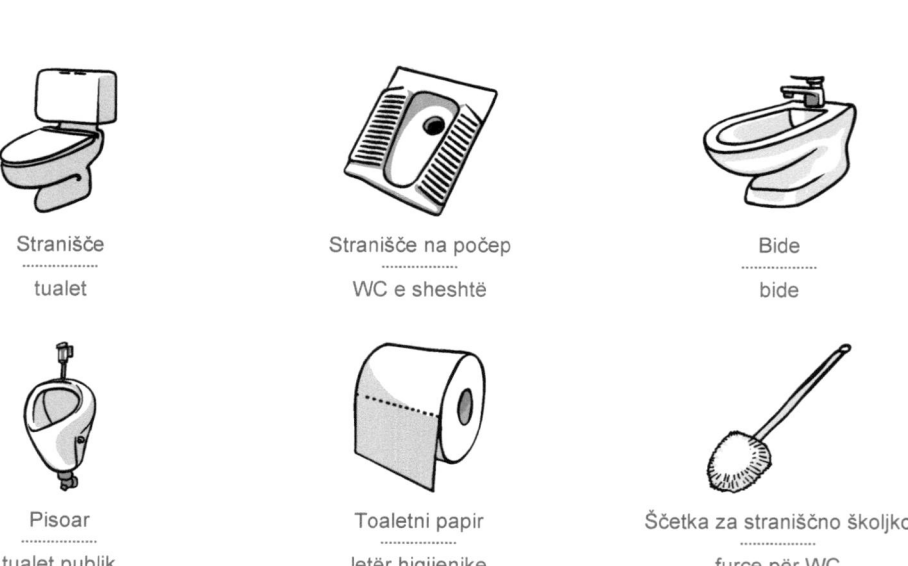

Ogrevanje
ngrohje
Brisača
peshqirë
Prha
dush
Zavesa za prho
perde dushi
Peneča kopel
vaskë me shkumë
Kopalna kad
vaskë
Kozarec
gotë
Pralni stroj
lavatriçe
Pipa
rubinet
Ploščice
pllaka
Kahlica
oturak
Korito
lavaman

Stranišče
tualet

Stranišče na počep
WC e sheshtë

Bide
bide

Pisoar
tualet publik

Toaletni papir
letër higjienike

Ščetka za straniščno školjko
furçe për WC

Zobna ščetka

furçë dhëmbësh

Zobna pasta

pastë dhëmbësh

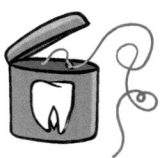

Zobna nitka

fije dentare

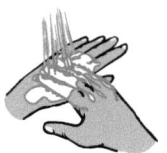

Umiti se

laj

Ročna prha

dorezë dushi

Prha za intimne dele

larës për zonën intime

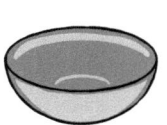

Umivalnik

legen

Krtača za hrbet

furçë për masazh shpine

Milo

sapun

Gel za prhanje

shampo trupi

Šampon

shampo

Krpica za miljenje

leckë pastruese

Odtok

kullues

Krema

krem

Deodorant

antidjersë

Ogledalo

pasqyrë

Ročno ogledalo

pasqyrë dore

Britvica

brisk rroje

Pena za britje

shkumë rroje

Vodica po britju

locion pas rrojes

Glavnik

krehër

Ščetka

furçë

Sušilnik za lase

tharëse flokësh

Lak za lase

llak për flokët

Ličila

grim

Šminka

buzëkuq

Lak za nohte

manikyr

Vatirane blazinice

mbushje pambuku

Škarjice za nohte

gërshërë për thonj

Parfum

parfum

Toaletna torbica

çantë për sendet personale

Stol brez naslonjala

Stol

Osebna tehtnica

peshore

Kopalni plašč

robëdëshambër

Gumijaste rokavice

dorashka gome

Tampon

tampon

Damski vložki

peceta higjienike

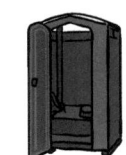

Kemično stranišče

tualet I lëvizshëm

Otroška soba
dhomë fëmijësh

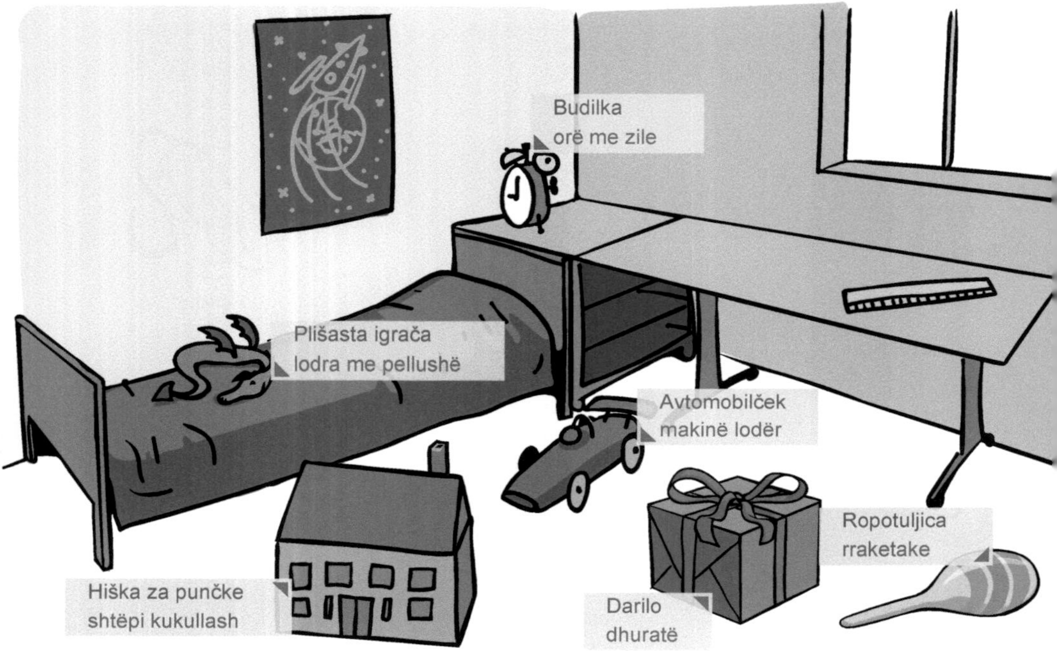

Budilka
orë me zile
Plišasta igrača
lodra me pellushë
Avtomobilček
makinë lodër
Ropotuljica
rraketake
Hiška za punčke
shtëpi kukullash
Darilo
dhuratë

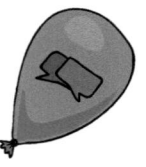

Balon

tollumbace

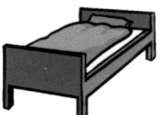

Postelja

krevat

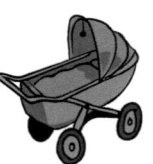

Otroški voziček

karrocë fëmijësh

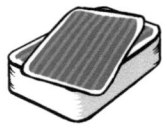

Igralne karte

lojë me letra

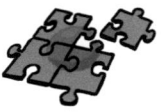

Sestavljanka

bashkim pjesësh me figura

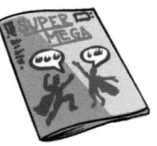

Strip

komik

Lego kocke

formuese lodër

Igralne kocke

kuba plastikë

Akcijska figura

lodra

Bodi

badi

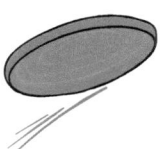

Frizbi

frizbi

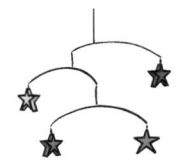

Vrtiljak za posteljico

lodra të varura tek krevati i fëmijëve

Namizna igra

tavolinë lojërash

Kocka

zare

Komplet modelov vlakov

model treni

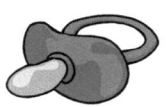

Duda

biberon

Zabava

festë

Slikanica

libër me ilustrime

Žoga

top

Lutka

kukull

Igrati se

luaj

Peskovnik

grumbull rëre

Gugalnica

kolovarëse

Igrače

lodra

Igralna konzola

leva për lojra video

Tricikel

triçikël

Plišasti medvedek

arush prej pellushi

Garderoba

garderobë

Oblačilo
veshje

Nogavice

čorape

Samostoječe nogavice

čorape të gjata

Hlačne nogavice

geta

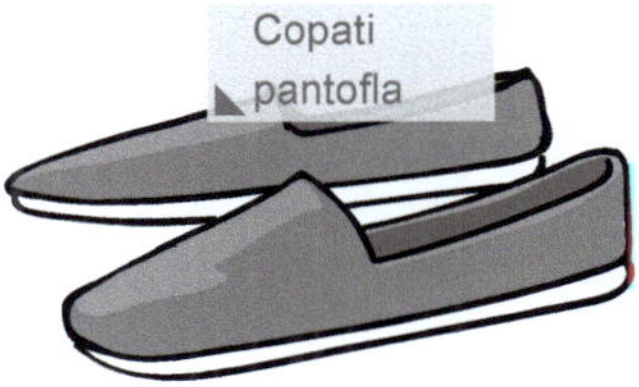

Šal
shall

Dežnik
çadër

Pas
rrip

Majica s kratkimi rokavi
bluzë pa jakë

Škornji
çizme

Copati
pantofla

Športni copati
atlete

Sandali
....
sandale

Čevlji
....
këpucë

Gumijasti škornji
....
çizme llastiku

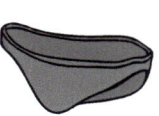

Spodnje hlače
....
të mbathura

Modrček
....
reçipeta

Telovnik
....
kanotierë

Oblačilo - veshje

45

Bodi

trup

Hlače

pantallona

Kavbojke

xhinse

Krilo

fund

Bluza

bluzë

Srajca

këmishë

Pulover

pulovër

Pletena jopica

triko

Jopa

xhaketë

Jakna

xhaketë

Plašč

pallto

Dežni plašč

mushama shiu

Kostim

kostum

Obleka

fustan

Poročna obleka

fustan nusërie

Obleka
kostum

Spalna srajca
këmishë nate

Pižama
pizhama

Sari
sari (veshje tradicionale indiane)

Naglavna ruta
shami koke

Turban
çallmë

Burka
veshje për femrat e besimit musliman

Kaftan
kaftan (lloj veshjeje tradicionale)

Abaja
ferexhe

Kopalke
kostum banje

Kopalne hlače
rroba banje

Kratke hlače
pantallona të shkurtra

Trenirka
tuta sporti

Predpasnik
përparëse

Rokavice
dorashka

Gumb

kopsë

Očala

syze

Zapestnica

byzylyk

Verižica

gjerdan

Prstan

unazë

Uhan

vath

Kapa

kapuç

Obešalnik

varëse për pallto

Klobuk

kapele

Kravata

kravatë

Zadrga

zinxhir

Čelada

helmetë

Naramnice

tiranda

Šolska uniforma

uniformë shkolle

Uniforma

uniformë

Slinček

gushore

Duda

biberon

Plenica

pelenë

Pisarna
zyrë

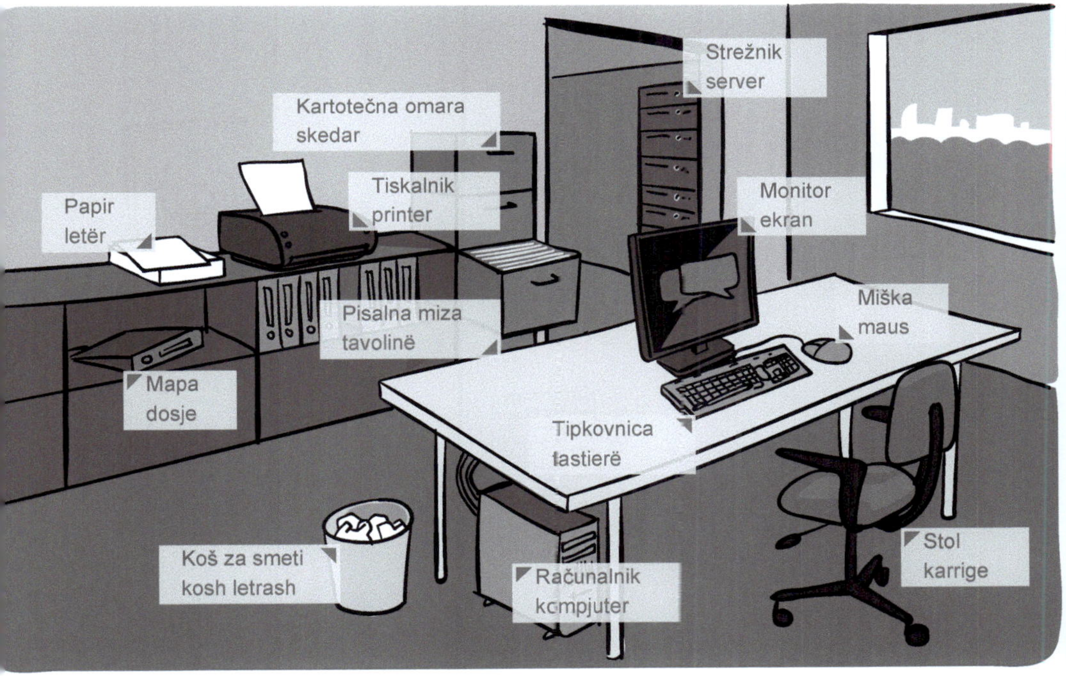

Strežnik
server

Kartotečna omara
skedar

Tiskalnik
printer

Monitor
ekran

Papir
letër

Miška
maus

Pisalna miza
tavolinë

Mapa
dosje

Tipkovnica
tastierë

Stol
karrige

Koš za smeti
kosh letrash

Računalnik
kompjuter

Lonček za kavo

filxhan kafeje

Kalkulator

makinë llogaritëse

Internet

internet

Prenosnik

kompjuter portativ

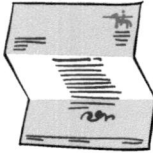

Pismo

letër

Sporočilo

mesazh

Mobilnik

telefon

Omrežje

rrjet

Kopirni stroj

fotokopje

Programska oprema

program

Telefon

telefon

Vtičnica

prizë

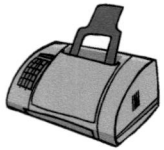

Telefaks

pajisje faksi

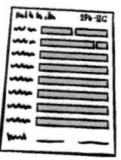

Obrazec

formular

Dokument

dokument

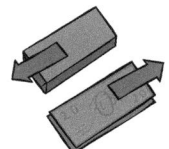

Kupiti

blej

Plačati

paguaj

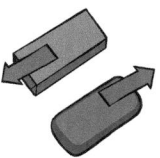

Trgovati

tregtoj

Denar

para

Dolar

dollar

Evro

euro

Jen

jen

Rubelj

rubla

Švičarski frank

franga zvicerane

 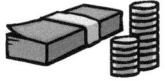

Kitajski juan renminbi

juani kinez

Rupija

rupje

Bankomat

bankomat

Menjalnica	Zlato	Srebro
pikë këmbimi valutor	ar	argjend

Nafta	Energija	Cena
nafta	energji	çmim
		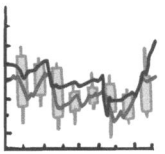
Pogodba	Davek	Delnice
kontratë	taksë	aksione

Delati	Delojemalec	Delodajalec
punoj	punonjës	punëdhënës

Tovarna	Trgovina	
fabrikë	dyqan	

Policist
oficer policie

Gasilec
zjarrfikës

Kuhar
kuzhinier

Zdravnik
mjek

Pilot
pilot

Vrtnar
kopshtar

Mizar
marangoz

Šivilja
rrobaqepëse

Sodnik
gjykatës

Kemik
kimist

Igralec
aktor

Voznik avtobusa

shofer autobuzi

Taksist

taksist

Ribič

peshkatar

Čistilka

pastruese

Krovec

riparues çatish

Natakar

kamarier

Lovec

gjuetar

Pleskar

piktor

Pek

furrxhi

Električar

elektriçist

Gradbenik

ndërtues

Inženir

inxhinier

Mesar

kasap

Vodovodni inštalater

hidraulik

Poštar

postieri

Vojak

ushtar

Arhitekt

arkitekt

Blagajnik

arkëtar

Cvetličar

luleshitës

Frizer

berber

Sprevodnik

kontrollor

Mehanik

mekanik

Kapitan

kapiten

Zobozdravnik

dentist

Znanstvenik

shkencëtar

Rabin

rabin

Imam

imam

Menih

murg

Duhovnik

klerik

Orodje
mjete

Kladivo
çekiç
Klešče
pinca
Izvijač
kaçavidë
Vijačni ključ
çelës mekanik
Žepna svetilka
elektrik dore

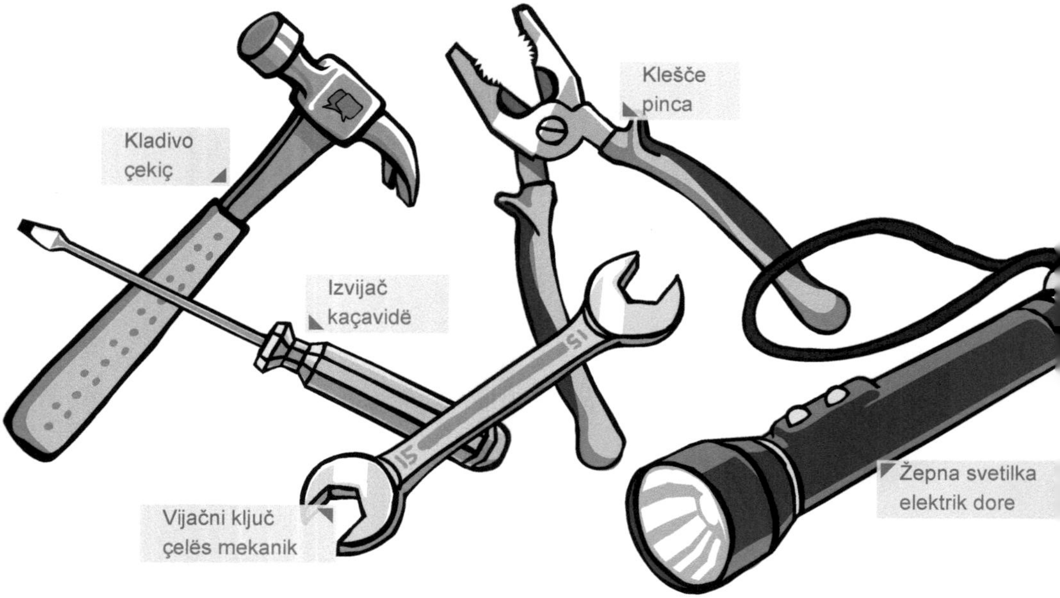

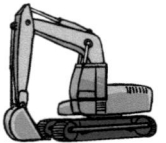

Bager

ekskavator

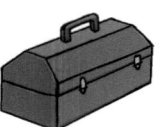

Zaboj z orodjem

kuti veglash

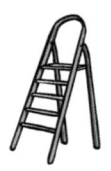

Lestev

shkallë

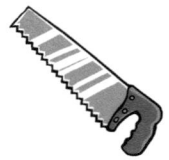

Žaga

sharrë

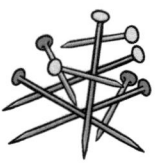

Žeblji

gozhdë

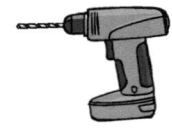

Vrtalnik

trapan

Popraviti

riparoj

Lopata

lopatë

Šment!

Dreq!

Smetišnica

kaci

Posoda z barvo

kuti boje

Vijaki

vidhë

Glasbeni instrument

instrumenta muzikorë

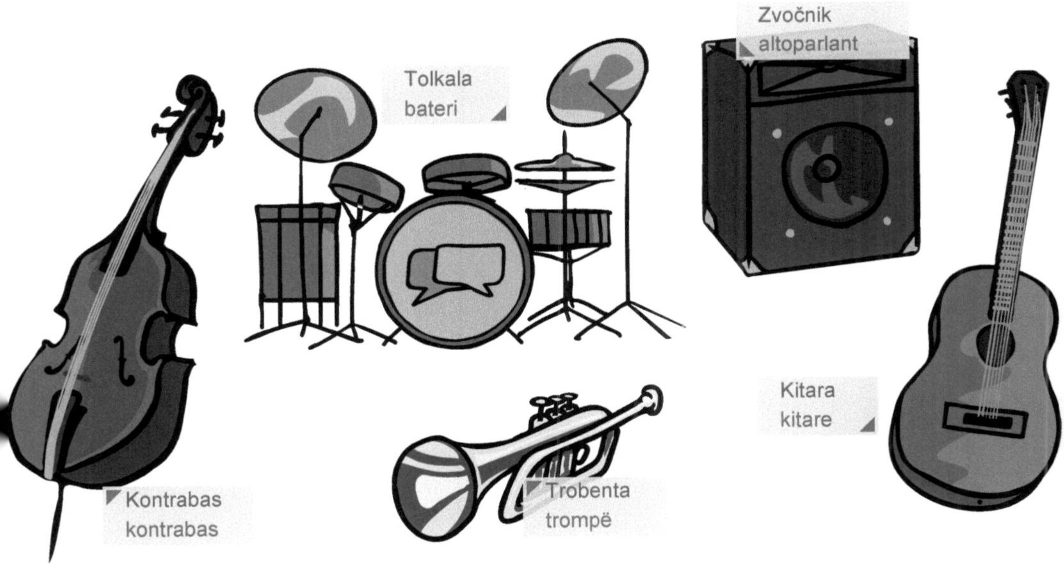

Zvočnik
altoparlant

Tolkala
bateri

Kitara
kitare

Kontrabas
kontrabas

Trobenta
trompë

Klavir

piano

Violina

violinë

Bas kitara

bas

Pavke

tamburë

Bobni

daulle

Sintetizator

tastierë pianoje

Saksofon

saksofon

Flavta

flaut

Mikrofon

mikrofon

Glasbeni instrument - instrumenta muzikorë

Živalski vrt
kopsht zoologjik

Tiger
tigër

Vhod
hyrje

Kletka
kafaz

Zebra
zebër

Krma za živali
ushqim për kafshë

Panda
panda

Živali
kafshë

Slon
elefant

Kenguru
kangur

Nosorog
rinoceront

Gorila
gorillë

Medved
ari

Kamela

deve

Noj

struc

Lev

luan

Opica

majmun

Plamenec

flamingo

Papagaj

papagall

Severni medved

ari polar

Pingvin

pinguin

Morski pes

peshkaqen

Pav

pallua

Kača

gjarpër

Krokodil

krokodil

Oskrbnik v živalskem vrtu

punonjës i kopshtit zoollogjik

Tjulenj

fokë

Jaguar

xhaguar

Poni

poni

Leopard

leopard

Povodni konj

hipopotam

Žirafa

gjirafë

Orel

shqiponjë

Divji prašič

derr i egër

Riba

peshk

Želva

breshkë

Mrož

lopë deti

Lisica

dhelpër

Gazela

gazelë

Ameriški nogomet
futboll amerikan

Kolesarjenje
çiklizëm

Tenis
tenis

Košarka
basketboll

Plavanje
not

Hokej
hokej mbi akull

Boks
boks

Nogomet
futboll

Badminton
badminton

Atletika
atletikë

Rokomet
hendboll

Smučanje
ski

Polo
polo

Dejavnosti
aktivitet

Smejati se
qesh
Skočiti
hidhem
Objeti
përqafoj
Hoditi
eci
Peti
këndoj
Sanjati
ëndërroj
Moliti
lutem
Poljubiti
puth

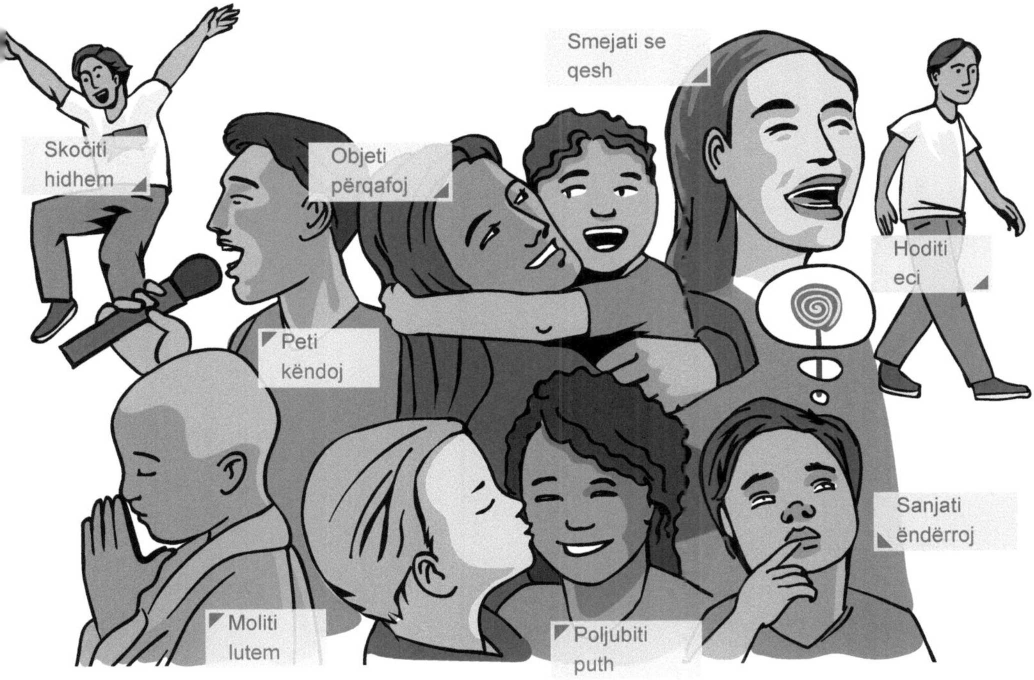

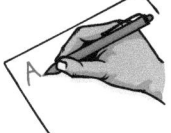

Pisati

shkruaj

Risati

vizatoj

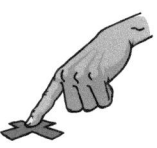

Pokazati

tregoj

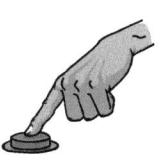

Potisniti

shtyj

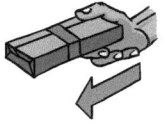

Dati

jap

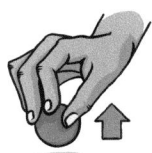

Vzeti

marr

Imeti

kam

Narediti

bëj

Biti

jam

Stati

qëndroj

Teči

vrapoj

Vleči

tërheq

Vreči

hedh

Pasti

bie

Ležati

shtrihem

Čakati

pres

Nositi

mbaj

Sedeti

ulem

Obleči se

vishem

Spati

fle

Zbuditi se

zgjohem

Gledati

shikoj

Jokati

qaj

Božati

përkëdhel

Česati se

kreh

Govoriti

bisedoj

Razumeti

kuptoj

Vprašati

kërkoj

Poslušati

dëgjoj

Piti

pi

Jesti

ha

Pospraviti

sistemoj

Ljubiti

dashuroj

Kuhati

gatuaj

Voziti

drejtoj makinën

Leteti

fluturoj

Jadrati

lundroj

Računanje

llogaris

Brati

lexoj

Učiti se

mësoj

Delati

punoj

Poročiti se

martohem

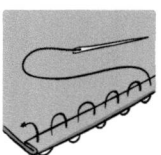

Šivati

qep

Ščetkati si zobe

laj dhëmbët

Ubiti

vras

Kaditi

tymos

Poslati

dërgoj

Družina
familje

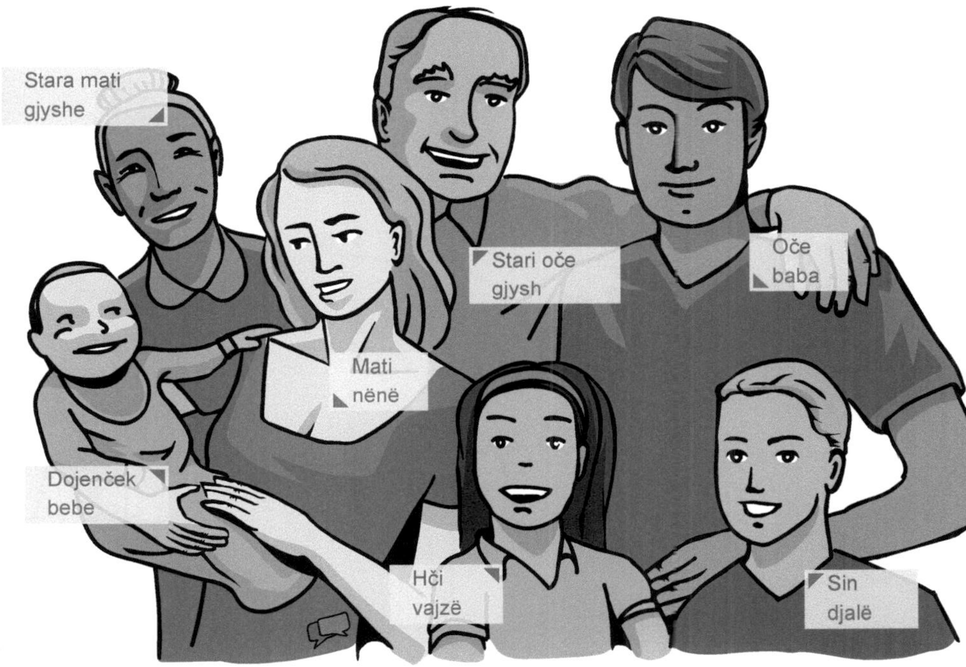

Stara mati
gjyshe
Stari oče
gjysh
Oče
baba
Mati
nënë
Dojenček
bebe
Hči
vajzë
Sin
djalë

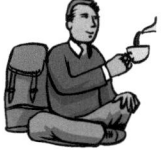

Gost

mysafir

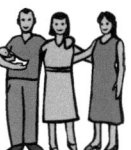

Teta

teze, hallë

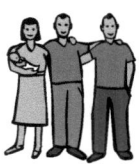

Stric

dajë, xhaxha

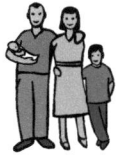

Brat

vëlla

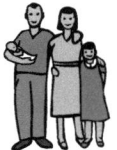

Sestra

motër

Telo

trupi

Čelo balli
Oko syri
Obraz fytyra
Brada mjekra
Prsi krahërori
Prst gishti
Dlan dora
Roka krahu
Rama shpatulla
Noga këmba

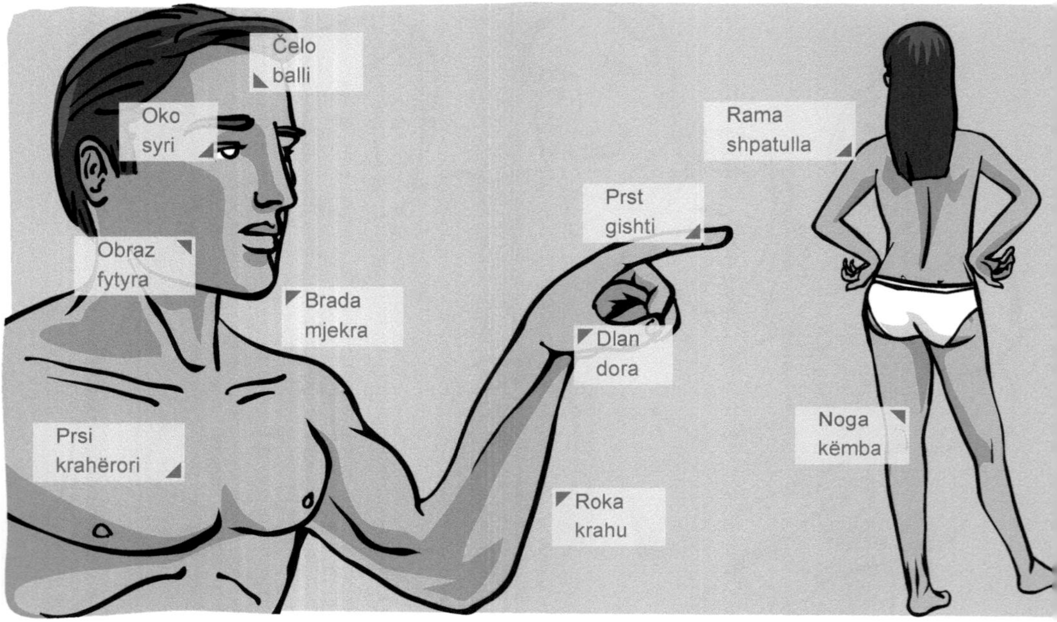

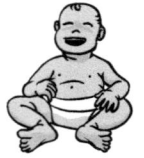

Dojenček

bebe

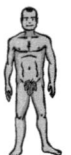

Človek

burrë

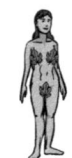

Ženska

grua

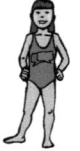

Dekle

vajzë

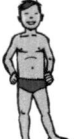

Fant

djalë

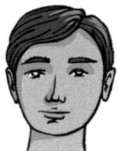

Glava

koka

Hrbet

shpina

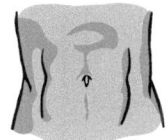

Trebuh

barku

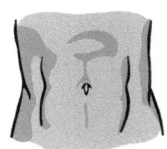

Popek

kërthiza

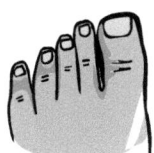

Prst na nogi

gisht këmbe

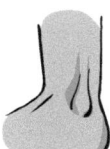

Peta

Thembra

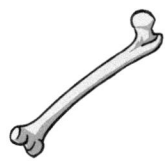

Kost

kockë

Kolk

legeni

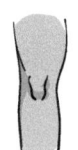

Koleno

gjuri

Komolec

bërryli

Nos

hunda

Zadnjica

vithe

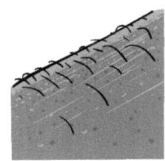

Koža

lëkura

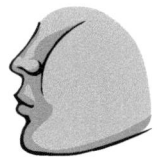

Lice

faqja

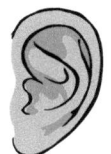

Uho

veshi

Ustnica

buza

Usta

goja

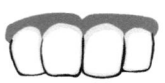

Zob

dhëmbët

Jezik

gjuha

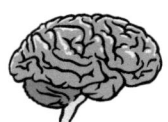

Možgani

truri

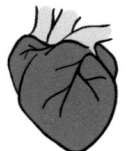

Srce

zemra

Mišica

muskul

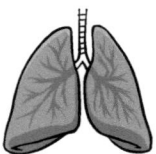

Pljuča

mushkëria

Jetra

mëlçia

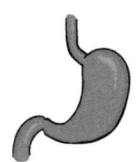

Želodec

stomaku

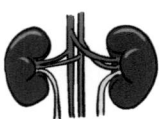

Ledvice

veshka

Spolni odnos

seks

Kondom

prezervativ

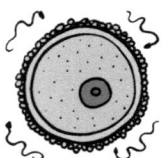

Jajčece

veza

Semenska tekočina

sperma

Nosečnost

shtatëzani

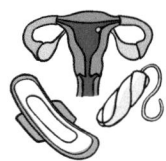

Menstruacija

menstruacione

Vagina

vagina

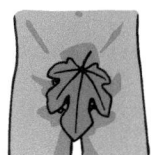

Penis

penis

Obrv

vetulla

Lasje

flokët

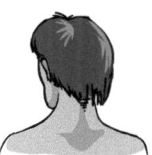

Vrat

qafa

Bolnišnica

spital

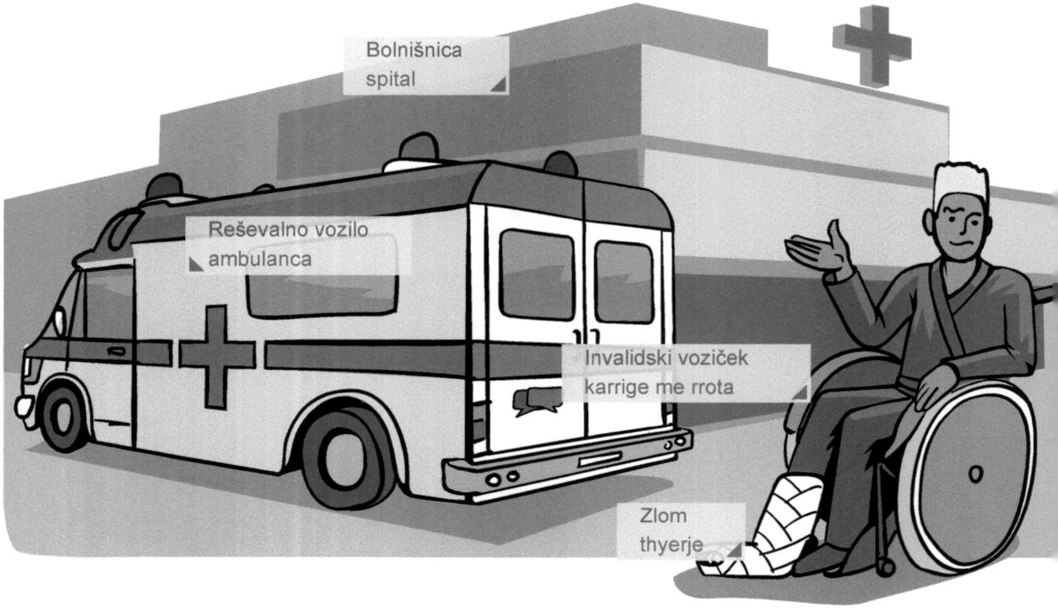

Bolnišnica
spital
Reševalno vozilo
ambulanca
Invalidski voziček
karrige me rrota
Zlom
thyerje

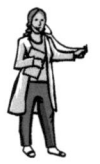

Zdravnik

mjek

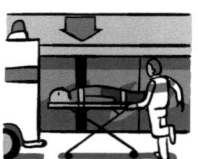

Urgenca

sallë urgjencash

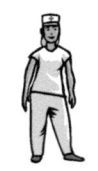

Medicinska sestra

infermiere

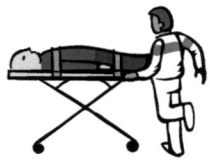

Nujni primer

emergjencë

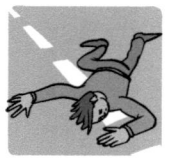

Nezavesten

i pandërgjegjshëm

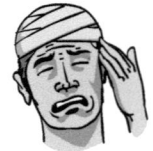

Bolečina

dhimbje

Poškodba

dëmtim

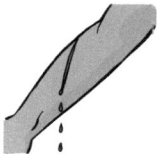

Krvavenje

gjakosje

Srčni infarkt

infarkt

Kap

goditje

Alergija

alergji

Kašelj

kolla

Vročina

ethe

Gripa

grip

Driska

diarre

Glavobol

dhimbje koke

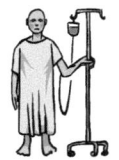

Rak

kancer

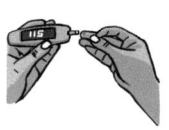

Sladkorna bolezen

diabet

Kirurg

kirurg

Skalpel

bisturi

Operacija

operacion

CT

CT (skaner)

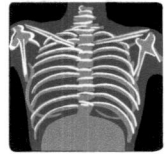

Rentgen

radiografi

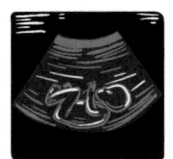

Ultrazvok

ultratingull

Obrazna maska

maskë fytyre

Bolezen

sëmundje

Čakalnica

dhomë pritjeje

Bergla

paterica

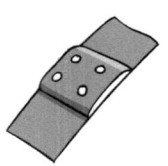

Obliž

leukoplast

Preveza

fasho

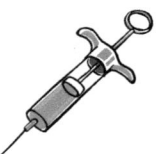

Injekcija

injeksion

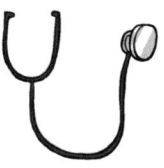

Stetoskop

stetoskop

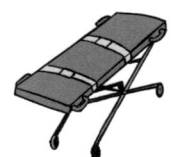

Nosila

barelë

Klinični termometer

termometër

Porod

lindje

Prekomerna teža

mbipeshë

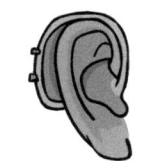

Slušni pripomoček

aparat dëgjimi

Razkužilo

dezinfektant

Okužba

infeksion

Virus

virus

HIV / AIDS

HIV / AIDS

Medicina

mjekësi, mjekim

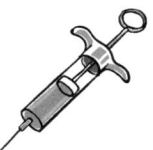

Cepljenje

vaksinim

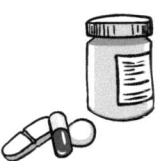

Tablete

tableta

Tableta

pilulë

Klic v sili

telefonatë emergjence

Merilnik krvnega tlaka

aparat tensioni

bolano / zdravo

i sëmurë / i shëndetshëm

Na pomoč!

Ndihmë!

Alarm

alarm

Napad

sulm

Napad

atak

Nevarnost

rrezik

Izhod v sili

dalje emergjence

Gori!

Zjarr!

Gasilni aparat

fikëse zjarri

Nezgoda

aksident

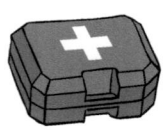

Komplet za prvo pomoč

kuti e ndimës së shpejtë

SOS

SOS

Policija

policia

Evropa

Europa

Severna Amerika

Amerika e Veriut

Južna Amerika

Amerika e Jugut

Afrika

Afrika

Azija

Azia

Avstralija

Australia

Atlantski ocean

Atlantiku

Tihi ocean

Paqësori

Indijski ocean

Oqeani Indian

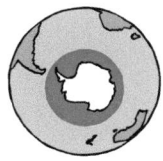

Južni ocean

Oqeani Antarktik

Arktični ocean

Oqeani Arktik

Severni tečaj

Poli i veriut

Južni tečaj

Poli i Jugut

Antarktika

Antarktida

Zemlja

toka

Kopno

tokë

Morje

det

Otok

ishull

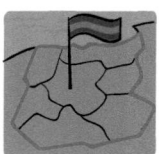

Narod

komb

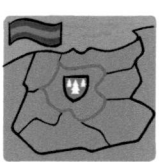

Država

shtet

Številčnica

fusha e orës

Urni kazalec

akrepi i orës

Minutni kazalec

akrepi i minutave

Sekundni kazalec

akrepi i sekondave

Koliko je ura?

Sa është ora?

Dan

ditë

Čas

kohë

Zdaj

tani

Digitalna ura

orë dixhitale

Minuta

minutë

Ura

orë

Teden
javë

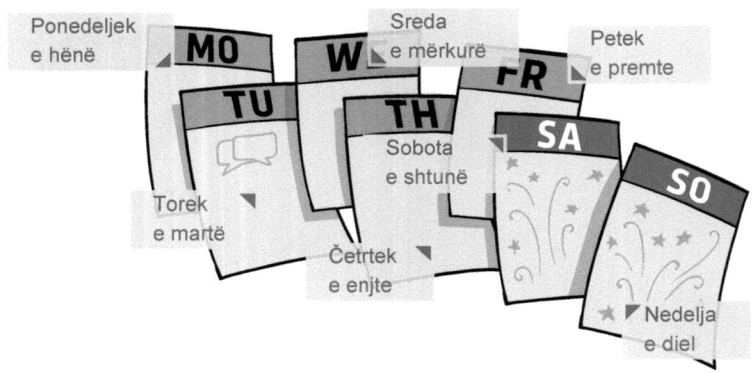

Ponedeljek — e hënë (MO)
Torek — e martë (TU)
Sreda — e mërkurë (WE)
Četrtek — e enjte (TH)
Petek — e premte (FR)
Sobota — e shtunë (SA)
Nedelja — e diel (SO)

Včeraj
dje

Danes
sot

Jutri
nesër

Jutro
mëngjes

Poldne
mesditë

Večer
mbrëmje

MO	TU	WE	TH	FR	SA	SU
1	2	3	4	5	6	7
8	9	10	11	12	13	14
15	16	17	18	19	20	21
23	23	24	25	26	27	28
29	30	31	1	2	3	4

Delovni dnevi
ditë pune

MO	TU	WE	TH	FR	SA	SU
1	2	3	4	5	6	7
8	9	10	11	12	13	14
15	16	17	18	19	20	21
22	23	24	25	26	27	28
29	30	31	1	2	3	4

Konec tedna
fundjavë

Dež
shi

Mavrica
ylber

Veter
erë

Sneg
borë

Pomlad
pranverë

Jesen
vjeshtë

Poletje
verë

Zima
dimër

4.APRIL	11°	☀
5.APRIL	4°	☁
6.APRIL	13°	☁
7.APRIL	8°	☀
8.APRIL	10°	☀

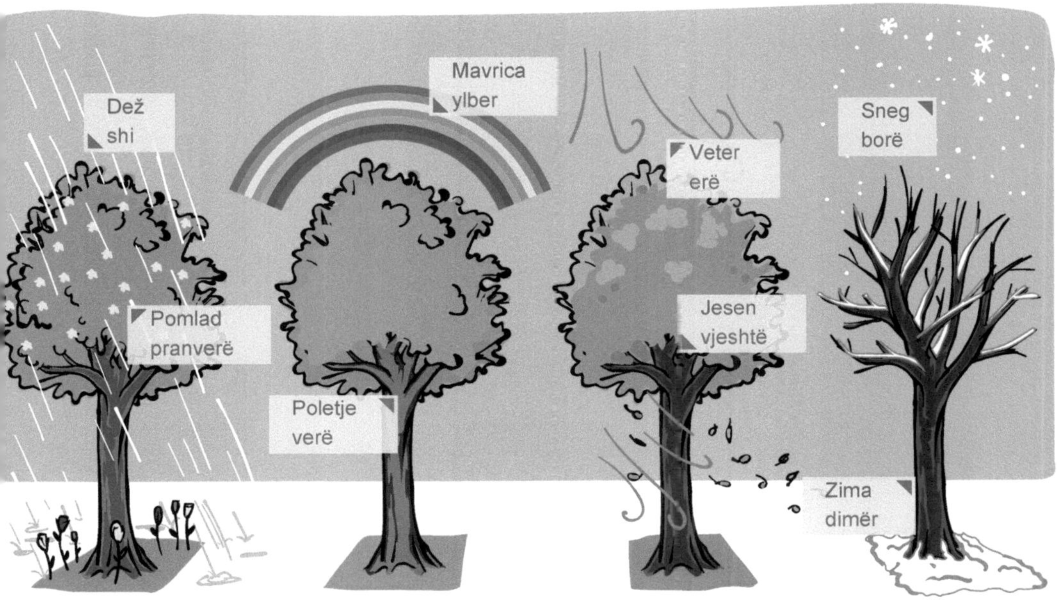

Vremenska napoved

parashikimi i motit

Termometer

termometër

Sončna svetloba

ndriçim dielli

Oblak

re

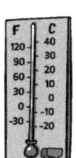

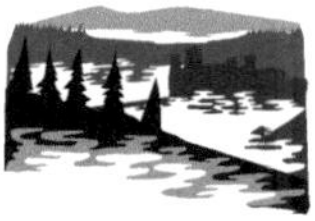

Megla

mjegull

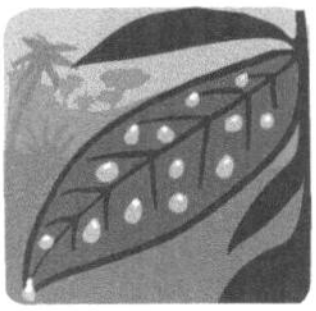

Vlažnost

lagështi

Strela

vetëtima

Grom

gjëmim

Nevihta

stuhi

Toča

breshër

Monsun

muson

Poplava

përmbytje

Led

akull

Januar

janar

Februar

shkurt

Marec

mars

April

prill

Maj

maj

Junij

qershor

Julij

korrik

Avgust

gusht

September
....
shtator

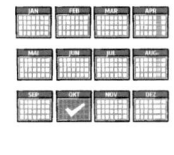

Oktober
....
tetor

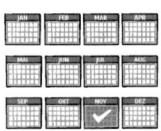

November
....
nëntor

December
....
dhjetor

Krogla
....
rreth

Kvadrat
....
katror

Pravokotnik
....
drejtkëndësh

Trikotnik
....
trekëndësh

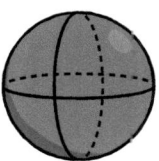

Krogla
....
sferë

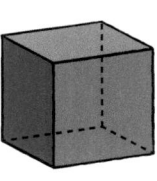

Kocka
....
kub

Bela

e bardhë

Rumena

e verdhë

Oranžna

portokalli

Rožnata

rozë

Rdeča

e kuqe

Vijolična

vjollcë

Modra

blu

Zelena

e gjelbër

Rjava

kafe

Siva

gri

Črna

e zezë

veliko / malo

shumë / pak

jezno / umirjeno

i nevrikosur / i qetë

lepo / grdo

i bukur / i shëmtuar

začetek / konec

fillim / fund

veliko / majhno

i madh / i vogël

svetlo / temno

i ndritshëm / i errët

brat / sestra

vëlla / motër

čisto / umazano

e pastër / e pistë

popolno / nepopolno

e plotë / jo e plotë

dan / noč

ditë / natë

mrtvo / živo

gjallë / vdekur

široko / ozko

i gjerë / i ngushtë

užitno / neužitno

i ngrënshëm / i pangrënshëm

zlobno / prijazno

i keq / i këndshëm

vznemirjeno / zdolgočaseno

i lumtur / i mërzitur

debelo / vitko

i shëndoshë / i dobët

prvo / zadnje

e para / e fundit

prijatelj / sovražnik

mik / armik

polno / prazno

plot / bosh

trdo / mehko

e fortë / e butë

težko / lahko

e rëndë / e lehtë

lakota / žeja

uri / etje

bolano / zdravo

i sëmurë / i shëndetshëm

nezakonito / zakonito

e paligjshme / e ligjshme

pametno / neumno

i zgjuar / budalla

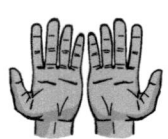

levo / desno

majtas / djathtas

blizu / daleč

afër / larg

novo / rabljeno

e re / e përdorur

nič / nekaj

asgjë / diçka

staro / mlado

i moshuar / i ri

vklopljeno / izklopljeno

ndezur / fikur

odprto / zaprto

hapur / mbyllur

tiho / glasno

i qetë / i zhurmshëm

bogato / revno

i pasur / i varfër

prav / narobe

e drejtë / e gabuar

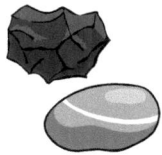

grobo / gladko

i ashpër / i butë

žalostno / veselo

i mërzitur / i lumtur

kratko / dolgo

i shkurtër / i gjatë

počasi / hitro

ngadalë / shpejt

mokro / suho

i lagësht / i thatë

toplo / hladno

ngrohtë / freskët

vojna / mir

luftë / paqe

0

Nična

zero

1

Ena

një

2

Dva

dy

3

Tri

tre

4

Štiri

katër

5

Pet

pesë

6

Šest

gjashtë

7

Sedem

shtatë

8

Osem

tetë

9

Devet

nentë

10

Deset

dhjetë

11

Enajst

njëmbëdhjetë

12

Dvanajst

dymbëdhjetë

13

Trinajst

trembëdhjetë

14

Štirinajst

katërmbëdhjetë

15

Petnajst

pesëmbëdhjetë

16

Šestnajst

gjashtëmbëdhjetë

17

Sedemnajst

shtatëmbëdhjetë

18

Osemnajst

tetëmbëdhjetë

19

Devetnajst

nentëmbëdhjetë

20

Dvajset

njëzetë

100

Sto

qind

1.000

Tisoč

mijë

1.000.000

Milijon

milion

Angleščina

anglisht

Ameriška angleščina

anglishte amerikane

Mandarinščina

kinezisht mandarin

Hindujščina

hindi

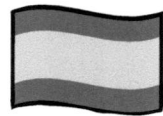

Španščina

spanjisht

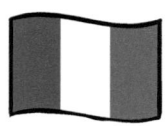

Francoščina

frëngjisht

Arabščina

arabisht

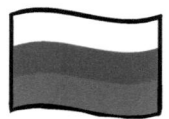

Ruščina

rusisht

Portugalščina

portugalisht

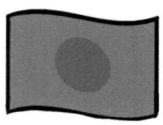

Bengalščina

bengalisht

Nemščina

gjermanisht

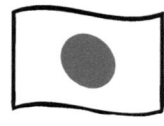

Japonščina

japonisht

Jaz

unë

Ti

ti

On / ona / tisto

ai / ajo

Mi

ne

Vi

ju

Oni

ata

Kdo?

kush?

Kaj?

çfarë?

Kako?

si?

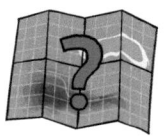

Kje?

ku?

Kdaj?

kur?

Ime

emër

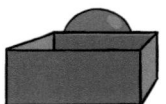

Zadaj

pas

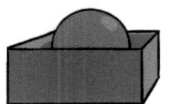

V

në

Pred

përballë

Nad

sipër

Na

mbi

Pod

poshtë

Poleg

pranë

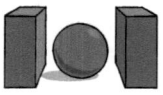

Med

midis

Kraj

vend